EDICT DV ROY,

PORTANT CREATION de deux Offices de Conſeillers de ſa Majeſté & Intendans hereditaires des deniers communs, patrimoniaux & d'octroy des Villes & Communautez de la Generalité de Guyenne, Et d'vn autre Office de Conſeiller & Commiſſaire Examinateur auſſi hereditaire, D'vn Procureur alternatif, & d'vn ſecond Aduocat de ſadite Majeſté en chacune Election de ladite Generalité.

Verifié en la Chambre des Comptes le ſeiziéme May mil ſix cens trente-cinq.

A PARIS,
Par A. ESTIENE, P. METTAYER, C. PREVOST & P. ROCOLET, Impr. ordinaires du Roy.

M. DC. XXXV.
Auec Priuilege de ſa Maieſté.

LOVIS par la grace de Dieu Roy de France & de Nauarre, A tous presens & à venir, Salut. Par nostre Edict du mois de Decembre mil six cens vingt-huict, Nous auons creé & erigé en tiltre d'Office formé, Deux nos Conseillers des deniers communs & d'octroy, des Villes & Communautez de nostre Royaume au ressort de chacune Election d'iceluy. Et par autre Edict du mois de Decembre mil six cens trente-trois, nous auons pareillement crée vn Commissaire Examinateur, Vn nostre Procureur alternatif, & Vn second nostre Aduocat, en chacune desdites Electiõs: Ausquels Offices n'ayãt encor esté pourueu dans nostre Generalité de Guyenne, où ils ne sont pas moins vtiles & necessaires, qu'en toutes les autres de nostre Royaume, Il nous auroit esté representé, que pour en faciliter l'establissemẽt & la vente, & tirer le secours que nous attẽdons des deniers qui en doiuẽt prouenir, il estoit necessaire de rendre lesdits Offices d'Intendans & Commissaires examinateurs hereditaires, comme aussi de regler la fonction desdits Intendans dans nostre

Generalité de Guyenne, dautant que les deniers communs & d'octroy y sont de nature differente à ceux des autres Generalitez, en ce que la pluspart des Villes & Communautez de ladite Generalite, iouïssẽt de certains droicts de Boucherie, Souquets, Pied-fourchu, Deschats, Hallage, Coucage, Foires, Marchez & autres, lesquels elles censent patrimoniaux, sous pretexte qu'elles en iouïssẽt sans autre tiltre que la possession immemoriale, & qu'elles n'en comptent point en nostre Chambre des Comptes, quoy que pourtant elles n'ayent peu s'introduire dans cette iouïssance sans concession particuliere de Nous, ou des Roys nos predecesseurs: Comme aussi en ce que plusieurs desdites villes & Communautez, imposent par chacun an ce qui leur est necessaire en vertu du Reglemẽt fait en l'année mil six cens vn, par le Sieur de Martin, Tresorier de France en ladite Generalité, par nous commis pour regler les frais & dépẽses qu'elles sont obligées de faire annuellement. A cause dequoy, & pour éuiter les abus qui se pourroient faire en la leuée & perception desdits droicts, & employ desdits deniers qui en prouiennẽt, il importe d'establir lesdits Intendans dãs nostre Generalité de Guyenne: A CES CAVSES, Sçauoir faiſons, qu'apres auoir fait mettre cét affaire en deliberation en noſtre Conſeil, De l'Aduis d'iceluy, & de noſtre certaine ſcience, pleine puiſſance & authorité Royale, auons par noſtre preſent Edict perpetuel & irreuocable, creé & erigé, creõs & erigeõs en tiltre d'Office formé, Deux nos Conſeillers & Intendans hereditaires des deniers communs, patrimoniaux & d'octroy, des Villes & Cõmunautez de noſtredite Generalité de Guyẽne & reſſort de chacune Election d'icelle, Vn noſtre Conſeiller & Commiſſaire examinateur auſſi hereditaire, Vn noſtre Procureur alternatif, & vn ſecond noſtre Aduocat en chacune deſdites Electiõs, Pour deſdits Offices d'Intendans & Commiſſaires Examinateurs, iouïr & diſpoſer par ceux qui en ſeront pourueus, leurs vefues, heritiers, ſucceſſeurs & ayans cauſe, audit tiltre d'heredité, ſans neantmoins qu'ils puiſſent eſtre cenſez & reputez domaniaux ny ſujets à reuẽte & remboursement pour quelque cauſe & occaſion que ce ſoit, ny tenus de prẽdre nos lettres de confirmation ou ratification, dont nous les auons déchargez & diſpẽſez, nonobſtãt tous Reglemẽs, Declaratiõs & Arreſts. Voulons que ceux qui ſerõt pourueus deſdits Offices d'Intendans dans noſtredite Generalité de

Guyẽne, prennẽt cognoiſsãce de tout ce qui prouient & prouiendra cy-apres des deniers cõmuns, patrimoniaux & d'octroy deſdites Villes & Cõmunautez en l'eſtẽduë & reſſort de chacune Election où ils ſeront eſtablis, Meſmes de ceux qui s'imposẽt annuellemẽt en vertu du Reglement fait en ladite année 1601. par ledit ſieur de Martin, & generalement de toutes impoſitions qui ſe font & feront pour les affaires particulieres deſdites Villes & Communautez, pour éuiter que les deniers n'en ſoiẽt diuertis & employés à d'autres vſages qu'à ceux auſquels ils ſont deſtinez, à quoy noſdits Intendans tiendront ſoigneuſemẽt la main. Et à cette fin aurõt chacun en l'année d'exercice, entrée, ſeance & voix deliberatiue quand bon leur ſemblera, dãs toutes les aſſemblées publiques & particulieres qui ſe ferõt par les Maires & Eſcheuins, Iurats, Cõſuls & autres Officiers deſdites Villes & Communautez. Seront en outre leſdits Intendans preſens aux Baux à ferme qui ſe ferõt deſdits deniers communs, patrimoniaux & d'octroy, & deliurãce des Commiſſions pour faire la recepte des droicts qui n'ont accouſtumé de s'affermer, ſoit és Bureaux de nos Finances, Sieges ordinaires de la Iuſtice des lieux, Bureaux de nos Eleections, ou és maisons de Ville du ressort de leurs charges: Et auront rang & seance apres le premier & plus éminent des Officiers desdits Sieges ordinaires desdites Elections, & desdites Villes: Comme aussi aux Baux ou rabais qui se feront pour reparations des murs, ponts, pauez, chemins, chaussées & autres ouurages publics qui se feront en l'estenduë de leur ressort, dont le prix se payera desdits deniers cõmuns, patrimoniaux & d'octroy, ou par les habitans des Villes, bourgs & villages, par vne leuée particuliere & extrordinaire qui se sera sur eux pour le payement desdits ouurages. Et afin de voir & visiter les chemins, chaussées, ponts & passages qu'il conuiendra reparer en toutes lesdites Villes, bourgs & villages, & és enuirons d'iceux, serõt tenus faire leurs cheuauchées en tous les susdits lieux, vne fois l'année, & dresser procés verbal desdites reparatiõs, dont ils ferõt rapport aux Bureaux de nos Sieges qui ont accoustumé d'en cognoistre, pour y estre pourueu en leur presence, & auec leur aduis. Et pour les reparations & constructions des nouueaux ouurages qui serõt à faire és Villes closes, celuy desdits Intẽdans qui sera en exercice, ou qui aura en son departemẽt lesdites Villes, sera present pour proceder à l'estimatiõ & adiudicatiõ desdits ouurages, auec les Officiers du corps desdites Villes, s'il y en a, sinõ auec les Iuges ordinaires. Et pour les salaires & vacations desdits Intendans, ils seront payez à raison de huict liures pour chacun iour qu'ils employeront ausdites visites, adiudications & receptions d'ouurages par les Receueurs des deniers cõmuns desdites Villes, en leur deliurãt leurs procés verbaux contenãs au vray les iours qu'ils auront employez, pour les rapporter à la reddition des comptes desdits Receueurs, & y seruir pour les parties y employées pour lesdits salaires & vacations. Et ne pourront lesdits Officiers des Villes, Iuges ordinaires ou Eleus, vaquer ausdites adjudicatiõs & receptions d'ouurages, ny baux à ferme, sans que l'Intendant en exercice, soit present ou deuëment appellé par signification par escrit, qu'ils feront faire en son domicile par luy éleu en la Ville du Bureau de l'Election, quinze iours auparauãt qu'il conuiẽne faire lesdites adjudications & receptiõs. Et sera à ces fins le domicile dudit Intendãt, inseré és registres desdites Villes & Electiõs. Voulõs en outre que lesdits Intendãs tiennẽt registre de tous les deniers communs, d'octroy & autres qui se leuent & leueront par chacun an par impositions au profit

desdites

desdites Villes, des lettres émanées de Nous & de nos predecesseurs Roys, en vertu desquelles lesdits deniers se prēnent & leuēt sur nos Subjets, & que toutes les années, & trois mois apres chacune d'icelles expirées, les Receueurs desdits deniers communs, patrimoniaux & d'octroy, ensemble de ceux qui prouiendrōt des leuées particulieres qui seront faites sur lesdites Villes & Communautez, pour leurs affaires, en rendēt compte par vn bref estat, à celuy desdits Intendans qui sera sorty de charge: sur lequel estat verifié par ledit Intēdāt, les cōptes que lesdits Receueurs rendront à la Communauté, & par tout ailleurs, seront clos & arrestez sans difficulté. Voulōs aussi que tous les mādemēs & ordonnances de payemēt qui se feront par les Maires, Escheuins, Iurats & Cōsuls des Villes & Communautez, où lesdits Intendans feront leur residence, à prendre sur lesdits deniers communs, patrimoniaux & d'octroy, leuées & impositiōs particulieres, seront signées de celuy dudit Intendant qui sera en exercice, cōjointemēt auec lesdits Maires, Escheuins Iurats & Cōsuls, ou en son absence, par celuy qui sera hors d'exercice. Et à cette fin feront tres-expresses defēses aux Receueurs desdits deniers dans lesdites Villes, de rien payer sur lesdits mandemens & ordonnances, si elles ne sont signées de l'vn desdits Intendans, à peine de payer deux fois, & d'y estre contraints comme pour nos propres deniers & affaires. Et pour les ouurages & reparations qui serõt à faire sur les grãds chemins royaux, pour lesquels il se fait des leuées par chacune année, dont aucunes sont comprises en nos lettres de Commission, & la grande Creuë extrordinaire, & les autres se font par nos lettres de Commission particulieres, lesdits Intendans les visiteront, feront faire estimation en leur presence des ouurages necessaires pour les reparer, & en dresseront leurs procez verbaux & deuis, qu'ils enuoyeront ausdits Tresoriers Generaux de France, afin qu'en faisant leurs cheuauchées, ils recognoissent la verité du contenu esdits procez verbaux & deuis, & procedent sur les lieux au bail au rabais desdits ouurages, l'Intendant present ou deuëment appellé. Et d'autant que la plus grande partie des peages qui ont esté concedez aux Seigneurs des Villes, Bourgs & Villages, leur ont esté accordez, à la charge d'entretenir les grands chemins, trauersans leurs terres, Nous voulons que lesdits Intendans contraignent lesdits Seigneurs d'entretenir lesdits chemins, s'ils y ſont tenus. Les pourueus deſquels Offices iouïront des meſmes priuileges, immunitez, franchiſes, libertez, exéptions de toutes tailles, Taillons, creuës & autres leuées, & impoſitions dont iouïſſent à preſent les Officiers de nos Elections, ſuiuant nos Edicts & Declarations, en quelque lieu qu'ils facent leur reſidence, meſmes des exemptions de toutes charges perſonnelles, comme tutelle, curatelle, commiſſions & autres, à cauſe du ſoin continuel où ils ſeront occupez pour le bien public. Et où il ſuruiendroit des occaſions pour leſquelles leſdits Intendans doiuent eſtre ouïs és Bureaux de nos Finances, nous voulons qu'ils y ayent entrée & ſeance, apres toutesfois le dernier des Treſoriers de France : comme auſſi, qu'en toutes aſſemblées publiques & particulieres, ils ayent rang apres les Preſidens & Lieutenans Generaux des Sieges Preſidiaux, Bailliages & Seneſchauſſées, & priuatiuement aux autres Officiers deſdits Sieges, & des Preuoſtez, Vicomtez, Elections, & des autres Sieges & Iuriſdictions ſubalternes: Et qu'ils puiſſent exercer leurſdits Offices alternatiuement ou ſeparément entr'eux, les Villes & Paroiſſes de leur reſſort, ſelon qu'ils verront pour le mieux, Meſmes qu'vne ſeule perſonne puiſſe tenir & posseder plusieurs desdits Offices conjointement, si bon luy semble. Et au regard desdits Offices de Commissaires Examinateurs, Procureur alternatif & second Aduocat pour nous en chacune desdites Elections de ladite Generalité, Voulõs qu'ils iouïssent des fonctions, honneurs, authoritez, priuileges, exemptions, droicts & émolumens portez par nostredit Edict du mois de Decembre mil six cens trente-trois, duquel copie collationnée est cy-attachée sous le contre-seel de nostre Chancellerie, & autres Edicts y declarez & mẽtionnez. A tous lesquels Offices, auons par le present Edict attribué & attribuons par chacun an, les gages, droicts & taxations qui ensuiuent, Asçauoir, aux Intendans des Elections de Bourdeaux & Perigueux, Sept cens liures chacun: A ceux de l'Election d'Agen, Sept cens liures chacun: A ceux de Lomagne, cinq cens cinquante liures chacun: A ceux de Condoin & Leslanes, cinq cens liures chacun: A ceux de l'Election d'Armagnac, six cens liures chacun: A ceux de l'Election de Riuiere Verdun, quatre cens cinquante liures chacun: A ceux de Cumenge, cinq cens liures chacun: A ceux de l'Election de Cahors, sept cens liures chacun: A ceux des

lections de Montauban & Figeac, aussi
nq cens liures chacun : A ceux de l'Ele-
;on de Ville-franche, six cens liures cha-
:n : A ceux de l'Election de Roddez, cinq
:ns cinquante liures chacun : A ceux des
lections du hault Roüergue & d'Esterac,
issi cinq cens liures chacun : Ausdits Com-
iissaires Examinateurs en chacune Ele-
ion, trois cens liures de gages chacun:
usdits Procureurs alternatifs & seconds
duocats pour nous, à chacun cent liures
: gages, & quarente liures de taxations &
roict d'assiette, pour cinq natures, à raison
: huict liures chacun. Desquels gages &
ixations, reuenans ensemble à la somme
:e vingt-sept mil trois cens quatre-vingts
iures, les pourueus desdits Offices seront
ayez par les Receueurs de nos Tailles de
hacune desdites Elections, des deniers de
eurs Receptes, également par les quatre
quartiers de chacune année, à commencer
iu premier Ianuier dernier, comme chargez
lesdites Receptes, & à cette fin le fonds en
era doresnauant laissé és estats de nos Fi-
iances, qui seront expediez pour ladite Ge-
neralité. Et outre tous les susdits gages &
axations, auons par le mesme present Edict
attribué & attribuons ausdits Offices de

Commissaire Examinateur, Procureur a ternatif & second Aduocat pour nous chacune desdites Elections, pareil droict verification & signature de Rolle, do iouïssent ou doiuent iouïr les anciens Officiers d'icelles, qui est à raison de vingt-cin sols pour Paroisse, pour chacun d'eux. Lequel droict nous voulons estre imposé p chacune année, conjointement auec ce desdits anciens Officiers, à commencer d dit iour premier Ianuier dernier. Ausque Offices sera dés à present par nous pourue de personnes capables, en attẽdant la ven d'iceux. Voulons que le porteur des pro uisions & quittances de finance, le nom surnom de l'Officier en blanc, iouïsse & re çoiue sur ses quittances tous les susdits ga ges, taxations & droicts de verification d Rolle, mesmes qu'il puisse faire exercer le dits Offices par Commission, iusqu'à c qu'il en aye disposé. Comme aussi que le pourueus des Offices de Procureur alter natif & second Aduocat pour nous esdite Elections, iouïssent du benefice du droic annuel durant les quatre années qui restent du restablissement d'iceluy, pendant les quelles leursdits Offices ne pourront estre sujets à la rigueur des quarente iours, don

us les auons diſpenſez, & ſans qu'ils ſoient
tus de payer le droict annuel, faire aucun
iſt ny auance : Et ſi apres leſdites quatre
nées nous continuons le droict annuel,
dits Officiers ſeront receus à le payer ſans
re aucun preſt ny auance.

I DONNONS EN MANDEMENT à
s amez & feaux Conſeillers, les Gens te-
ns noſtre Chambre des Comptes à Paris,
ur des Aydes de Montpellier & Agen, &
eſoriers de France de ladite Generalité
Guyenne, que ces preſentes ils facent lire,
blier & enregiſtrer, & le contenu en icel-
garder & obſeruer, ſans permettre qu'il y
t contreuenu, nonobſtant oppoſitions ou
pellations quelconques, dont ſi aucunes
eruiennẽt, nous en auõs retenu & reſerué
cognoiſſance à nous & à noſtredit Cõſeil,
icelle interdite à toutes nos Cours & au-
es Iuges & Officiers, nonobſtant auſſi tous
dicts, Ordonnances, Arreſts, Reglemens,
fenſes, priuileges & autres lettres à ce cõ-
aires, auſquelles & aux dérogatoires y con-
nuës, nous auons dérogé & dérogeons par
s preſentes: CAR tel eſt noſtre plaiſir. Et
utant que de ceſdites preſentes on pourra
oir affaire en pluſieurs & diuers lieux, nous
oulõs qu'aux copies collationnées d'iceluy

par vn de nos amez & feaux Cõseillers & S
cretaires, foy soit adioustée cõme au prese
original, auquel afin que ce soit chose fe
me & stable à toujours, nous auons fait me
tre nostre Seel, sauf en autres choses nost
droict, & l'autruy en toutes. DONNE' à Pa
ris au mois de Ianuier, l'an de grace mil s
cens trente-cinq, & de nostre regne le ving
cinquiéme. Signé, LOVIS, à costé, vis
& plus bas, Par le Roy, DE LOMENIE, &
seellées du grand Seau de cire verte sur lac
de soye rouge & verte. Et encor est écrit:

Leu, publié & registré en la Chambre de Comptes, Oüy le Procureur General du Roy par le commandement de sa Majesté, port par Monsieur le Comte de Soissons, Grand Maistre de France, Gouuerneur & Lieutenant General pour le Roy en Dauphiné, venu expres en ladite Chambre, assisté du Sieur Duc de Montbazon, & des Sieurs de Leon & d'Ormesson, Conseillers de sadite Majesté en ses Conseils d'Estat & Priué, le 16. iour de May mil six cens trente-cinq.

Signé, BOVRLON.

EDICT DV ROY, PORTANT creation d'vn Commissaire Examinateur, vn second Aduocat & vn Procureur du Roy alternatif en chacune des Elections de ce Royaume.

Verifié en la Chambre des Comptes & Cour des Aydes le 8. May 1634.

LOVIS par la grace de Dieu Roy de France & de Nauarre, A tous presens & à venir, Salut. COMME le soulagement de nos Subjets a toujours esté nostre principal dessein, Pour y paruenir, nous auons recerché diuers moyens, & entr'autres celuy de faire égaler les impositions de nos Tailles sur les contribuables, en sorte que les pauures ne fussent surchargez, & les riches deschargez : Auquel effet nous aurions cy-deuant creé & estably des Officiers en nos Elections & Paroisses en dependantes, tant pour les impoſitions & aſſietes deſdites Tailles, que pour iuger & decider les differends qui naiſſent en execution deſdites impoſitions & leuées de noſdites Tailles, Aydes & autres ſubſides. Mais comme tous leſdits procés & differends, ou la plus grande partie d'iceux, eſtans meus pour ſurtaux, oppoſitions, recelement de nos droicts d'Aydes & autres, Requerent deſcentes ſur les lieux, viſités, enqueſtes, interrogatoires, & autres expeditions qui ſont negligées par les Preſidens, Lieutenans & Eleus deſdites Elections, parce que chacun deſdits Officiers pretend faire leſdites expeditions, & s'empeſchent par ialouſie les vns des autres d'eſtre commis & deputez à la confection d'icelles enqueſtes, interrogatoires, viſites, deſcentes & autres expeditions, & apportent de grandes longueurs en l'expedition & iugemens deſdits procés, qui conſomment noſdits Subjects en de grands frais. Ce qu'ayant conſideré le feu Roy noſtre tres-honoré Seigneur & Pere (que Dieu abſolue) il auroit par ſon Edict du mois de Ianuier mil cinq cens quatre vingts dix-huict, & Declaration du ſeiziéme

Iuillet mil six cens sept, registrez où besoin a esté, Creé & erigé en tiltre d'Office formé, Vn Commissaire Examinateur en chacune Election de ce Royaume, à l'instar de ceux de nostre Chastelet de Paris, & des Sieges Presidiaux, Bailliages & Seneschaussées: Lesquels Edict & Declaration nous aurions depuis reuoquez à la supplication desdits Presidens, Lieutenans & Eleus, & fait rembourser les pourueus desdits Offices, de la finance qu'ils auoient payée pour la composition d'iceux; esperant au moyen de ce, que nosdits Officiers des Elections rendroient auec plus d'assiduité la iustice à nos Subjets contribuables, & feroient exactement garder l'egalité en l'assiete & imposition de nosdites Tailles: Mais au contraire le temps nous a fait cognoistre que nos Subjets reçoiuent de la surcharge de cette reuocation, dautant que lesdits Presidens, Lieutenans & Eleus, faisans bourse commune entr'eux des émolumens de l'instruction desdits procés, negligent d'y vaquer si promptement qu'il seroit à desirer, pour le bien de nostre seruice, & soulagement des parties litigantes. Nous auons eu aussi aduis en nostre Conseil, que la creation d'vn Procureur alternatif & second Aduocat pour nous en chacune desdites Elections, n'est pas moins vtile à nosdits Subiects, tant pour l'acceleration desdits procés, que pour faire obseruer plus exactement l'egalité desdites impositions, dautant qu'estans nosdits Procureurs en exercice continuel, & se rencontrans le plus souuent parens ou alliez des parties plaidantes, opposantes ou accusées: & d'ailleurs, estans vne partie du temps absens des Villes de leur establissement, pour leurs affaires particulieres, ils n'ont le soin desdites impositions, de receuoir les plaintes desdits contribuables, Fermiers de nos Aydes & autres, ny de faire les poursuites necessaires pour l'egalité desdites Tailles, & le bien de nos autres affaires & de nosdits Subjets, qui demeurent au moyen de ce grandement retardees. Ce qu'ayant fait mettre en deliberation en nostre Conseil, où estoient aucuns Princes, Officiers de nostre Couronne, & autres grands & notables Personnages: De leur Aduis, & de nostre pleine puissãce & authorité royale, Nous auons par le present Edict perpetuel & irreuocable, creé & erigé, creons & erigeons en tiltre d'Office formé, Vn Commissaire Examinateur en chacune des Elections en chef & particuliers de ce Royaume, Vn Procureur alternatif pour nous, & Vn second Aduocat aussi pour nous esdites Elections en chef, pour y estre dés à present pourueus, & desormais quand vacation y escherra, de personnes capables, graduez & non graduez, & en iouïr par les pourueus, aux mesmes honneurs, franchises & exemptions de Tailles & subsides, droicts d'Aydes, & autres prerogatiues & priuileges dont iouïssent nos Officiers desdites Elections. ATTRIBVONS ausdits Officiers les gages contenus en l'estat qui en sera arresté en nostre Conseil, & enuoyé en nos Chambres des Comptes: Desquels sera fait fonds doresnauant par chacun an, à commencer au premier iour de Ianuier prochain, & iceux employez és estats de nos Finances, au chapitre des charges de chacune Election, & le fonds laissé és mains des Receueurs des Tailles d'icelles, pour les deliurer aux pourueus desdits Offices, de quartier en quartier, ſur leurs ſimples quittances. VOVLONS que noſdits Procureurs exercent alternatiuement leſdits Offices auec les anciens, & que ceux preſentement creez entrent en exercice en l'année prochaine mil ſix cens trente-quatre, & les anciens l'année ſuiuante mil ſix cens trente-cinq, & ainſi en continuant par chacun an par années alternatiues. Et leſdits ſeconds Aduocats concurremmẽt auec les anciens. Attribuons auſſi auſdits Procureurs & Aduocats preſentement creez, qui ſeront eſtablis és Elections dependantes des Generalitez de Chaalons & Amiẽs, les meſmes droits de ſignatures & verifications de Rolles hereditaires attribuez aux anciens, deſquels leſdits Procureurs iouïront tant en année d'exercice, que hors iceluy. Iouïront noſdits Aduocats & Procureurs preſentement creez, des meſmes droicts, taxations, profits & émolumens dont leſdits anciens iouïſſent, fors & excepté des droicts de douze deniers pour liure à eux attribuez en heredité par Edict du mois de Feurier mil ſix cens trente-deux Attribuons encores auſdits ſeconds Aduotats pour nous, la qualité de nos Conseillers esdites Elections, laquelle à cét effet nous auons vnie à leursdits Offices, auec l'ampliation & fonction attribuée aux anciens, par Edict du mois d'Aoust mil cinq cens soixante & dix-huict, & Declaration des vingt-cinquiéme Mars mil cinq cens quatre vingts deux, & trentiéme Decembre mil six cens vingt-neuf: Et ausdits Commissaires Examinateurs, tant és Elections en chef, que particulieres, le pouuoir & fonction de vaquer aux enquestes, interrogatoires, audition de prud'hommes & conuenus, examen à futur & taxes de despens de toutes les Sentences qui se rendront par lesdits Presidens & Eleus, tant à l'Audiéce, qu'en la Chambre du Conseil, soit en matiere ciuile ou criminelle, examen des comptes des Procureurs Syndics des Paroisses & Communautez, Arresteront les estats de frais sur lettres d'assiete, ensemble de ceux qui auront fourny cheuaux d'Artillerie, & Pionniers, viures & munitions, & tous autres estats & comptes qui ne se rendent en nos Chambres des Comptes, & ont accoustumé se rendre esdites Elections pour quelque cause & occasion que ce soit, auec tels & semblables droits, profits, reuenus & émolumens que ceux dont iouïssent & perçoiuent les Commissaires de nostre Chastelet de Paris, & desdits Presidiaux & Bailliages, tout ainsi que si le tout estoit cy par le menu specifié & declaré; & estre lesdits Offices exercez en la mesme forme & maniere que font lesdits Commissaires de nostre Chastelet de Paris & desdits Presidiaux, Bailliages & Seneschaussées, suiuant les Edicts & Reglemens sur ce faits, sans que nos Officiers desdites Elections se puissent à l'aduenir immisser ausdites fonctions. Ce que nous leur defendons tres-expressément, à peine de nullité des procedures, despens, dommages & interests desdits Cõmissaires. N'entendons neantmoins comprendre ausdites attributions les informations, decrets sur icelles, recolemens & confrontations de tesmoins, & autres actes qu'il sera besoin faire pour l'instruction des procés criminels, attribuez par nostre Edict du mois de Decembre 1632. aux Lieutenans Criminels desdites Elections, dont ledit Commissaire

aire n'aura aucune connoissance, sauf qu'il pourra vaquer ausdites informatiõs en l'absence dudit Lieutenant Criminel, & non autrement, de tous lesquels Offices presentement créez nos Officiers des Iurisdictions ordinaires & Greniers à sel se pourront faire pouruoir, & les exercer auec leurs Offices, sans qu'il leur puisse estre objecté aucune incõpatibilité, dont nous les auons releuez & dispensez: Permettons pareillement aux Presidens, Lieutenans & autres Officiers desdites Eslections de leuer lesdits Offices de Commissaires Examinateurs sans estre tenus de subir aucun examẽ ny faire autre nouueau serment que celuy qu'ils ont presté à cause de leursdits Offices, sans toutefois qu'il puissent pretendre aucune preference sur autre personnes capables qui les voudront leuer, ny receus à rembourser ceux qui en seront pourueus. Et en attendant la vente & debit desdits Offices; Nous voulons que les porteurs des quittances de Finances & lettres de prouision d'iceux les noms en blanc iouyssent des gages & droicts y attribuez, iusqu'à ce que lesdits Offices soient remplis: Et voulant fauorablement traitter ceux de nos sujets qui se feront pouruoir desdits Offices, nous voulons qu'ils iouyssent du benefice de la dispence des quarente iours, ainsi que nos autres Officiers, durant les années 1634. & 1635. sans qu'ils soient tenus de payer le cinquiéme denier de l'eualuation d'iceux pour le temps qui reste à expirer des neuf années portées par nos lettres de Declaration des 21. Decembre 1630. & 25. Nouembre 1631. ny de payer aucune chose pour le droit annuel desdites deux années, ains seulemẽt pour les années suiuantes, sans aucune aduance sur le pied de l'eualuation des anciens Offices de Procureurs & Aduocats pour nous esdites Elections, & lesdits Commissaires Examinateurs sur le pied de la moitié de l'eualuation desdits Procureurs. SI DONNONS EN MANDEMENT à nos amez & feaux Conseillers les gens tenãs nostre Chãbre des Comptes, & Cour des Aydes à Paris, Presidens & Tresoriers Generaux de France des Generalitez qu'il appartiendra, que ces presentes ils facent lire, publier & registrer, & le contenu en icelles garder &

obseruer inuiolablement, sans permettre qu'il y soit contreuenu, nonobstant oppositions, appellations & autres empeschemens quelconques, pour lesquels, & sans prejudice d'iceux, ne voulons estre differé, nonobstant aussi tous Edicts, Ordonnances, Reglemens & lettres à ce contraires, ausquels & à la dérogatoire des dérogatoires y contenuës, nous auons dérogé & dérogeons par ces presentes, CAR tel est nostre plaisir. Et afin que ce soit chose ferme & stable à toujours, nous auons à icelles fait mettre & apposer nostre seel, sauf en autre chose nostre droict & l'autruy en toutes. DONNE' à Sainct Germain en Laye au mois de Decembre l'an de grace mil six cens trente-trois. Et de nostre regne le vingt-quatriéme. Signé, LOVIS. Et plus bas, Par le Roy, DE LOMENIE, Et seellé du grand Seau de cire verte, sur lacs de soye rouge & verte. Et plus bas est encor écrit:

Leu, publié & registré en la Chambre des Comptes, oüy le Procureur General du Roy, par le commandement de sa Majesté, porté par Monsieur le Comte de Soissons, Grand

Maistre de France, Gouuerneur & son Lieutenant General en Dauphiné, assisté du sieur Duc de Chaulne, & des Sieurs de Leon & Tallon, Conseillers de sa Majesté en ses Conseils d'Estat & Priué, le huictiéme iour de May mil six cens trente-quatre.

Signé, BOVRLON.

Leu, publié & registré, par le commandement du Roy, porté par Monsieur le Comte de Soissons, assisté du sieur Mareschal de Chaulne, & des Sieurs de Leon & Tallon, Conseillers és Conseils d'Estat de sa Majesté, Et ce requerant le Procureur General. A Paris en la Cour des Aydes, les Chambres assemblées le huictiéme iour de May, mil six cens trente-quatre.

Signé, BOVCHER.

Collationné aux originaux par moy Conseiller & Secretaire du Roy & de ses Finances.

www.ingramcontent.com/pod-product-compliance
Ingram Content Group UK Ltd.
Pitfield, Milton Keynes, MK11 3LW, UK
UKHW032029260826
14628UKWH00006B/2830

9 782329 336930